insel taschenbuch 2354
Hermann Hesse
Wanderung

Hermann Hesse, Erzähler, Lyriker und zeitkritischer Essayist, am 2. Juli 1877 in Calw/Württemberg als Sohn eines baltischen Missionars und der Tochter eines schwäbischen Indologen geboren, 1946 ausgezeichnet mit dem Nobelpreis für Literatur, starb am 9. August 1962 in Montagnola bei Lugano.

Die Betrachtungen und Gedichte über Hesses Wanderung in den Tessin gehören zu den schönsten Texten des Dichters. Ihre Gedankenlyrik ist der von Baudelaires Gedichten in Prosa zu vergleichen. 1917/18 nach mehrjähriger poetischer Abstinenz (durch Hesses Kriegsgefangenenfürsorge) entstanden, schildern sie gleichnishaft seine Grenzüberschreitung aus der Kühle und Abstraktion des Nordens in die Wärme und kreative Sinnlichkeit des Südens, seine Abkehr vom Bürgerlichen zum Vaganten und Abenteurer. Gleichzeitig zeigen sie seinen Übergang von der Vita activa zur Vita contemplativa. Sie sind der Auftakt zu den kurz darauf in rascher Folge entstehenden »Klingsor«-Erzählungen, zum »Siddhartha« und »Steppenwolf«.

»Ich muß«, schrieb Hesse in der damaligen durch den Ersten Weltkrieg bedingten Umbruchphase, »die Wurzeln tiefer treiben, nicht an den Ästen rütteln, nicht hinten beginnen, bei den Regierungsformen und politischen Methoden, sondern vorn anfangen, beim Bau der Persönlichkeit ... Man kann diese Konzentration nicht erreichen, wenn man zugleich intensiv und extensiv arbeiten, zugleich nach Innen und nach Außen leben will.«

»Hermann Hesse redet hier so unbekümmert aus dem Gefühl heraus, wie es nur der freie Mensch vermag, der Furcht und Hoffnung von sich abgetan und niemanden, auch sich selbst nicht mehr Rechenschaft schuldet, der nur *lebt* in jenem letzten Sinn, der dem Ursprünglichen, dem bloß Vegetativen so sehr ähnlich ist.« *Stefan Zweig*

Bücher von Hermann Hesse in Großdruck: *Mit der Reife wird man immer jünger* (it 2311); *Jahreszeiten* (it 2339); *Lebenszeiten* (it 2343); *Die Märchen* (it 2349).

Hermann Hesse
Wanderung

Aufzeichnungen
mit farbigen Bildern
vom Verfasser

Insel Verlag

Dieser Band entspricht in Text und Bild
der Erstausgabe, die 1920 im S. Fischer Verlag, Berlin,
erschienen ist.

insel taschenbuch 2354
Erste Auflage 1996
Insel Verlag Frankfurt am Main und Leipzig
© Suhrkamp Verlag Frankfurt am Main
Alle Rechte vorbehalten
Vertrieb durch den Suhrkamp Taschenbuch Verlag
Umschlag nach Entwürfen von Willy Fleckhaus
Satz: Wagner GmbH, Nördlingen
Druck: MZ-Verlagsdruckerei GmbH, Memmingen
Printed in Germany

1 2 3 4 5 6 – 01 00 99 98 97 96

Bauernhaus

Bei diesem Hause nehme ich Abschied. Lange werde ich kein solches Haus mehr zu sehen bekommen. Denn ich nähere mich dem Alpenpaß, und hier nimmt die nördliche, deutsche Bauart ein Ende, samt deutscher Landschaft und deutscher Sprache.

Wie schön ist es, solche Grenzen zu überschreiten! Der Wanderer ist in vielen Hinsichten ein primitiver Mensch, so wie der Nomade primitiver ist als der Bauer. Die Überwindung der Seßhaftigkeit aber und die Verachtung der Grenzen machen Leute meines Schlages trotzdem zu Wegweisern in die Zukunft. Wenn es viele Menschen gäbe, in denen eine so tiefe Verachtung für Landesgrenzen lebte wie in mir, dann gäbe es keine Kriege und Blockaden mehr. Es gibt nichts Gehässigeres als Grenzen, nichts Stupideres als Grenzen. Sie sind wie Kanonen, wie Generäle: solange Vernunft, Menschlichkeit und Friede herrscht, spürt man nichts von ihnen und lächelt über sie, – sobald aber Krieg und Wahnsinn ausbricht, werden sie wichtig und heilig. Wie sind sie uns Wanderern in den Kriegsjahren zur Pein und zum Kerker geworden! Der Teufel hole sie!

Ich zeichne das Haus in mein Notizbuch, und mein Auge nimmt von deutschem Dach, deutschem Gebälk und Giebel, von mancher Traulichkeit und Heimatlichkeit Abschied. Noch einmal liebe ich all dies Heimatliche mit verstärkter Innigkeit, weil es zum Abschied ist. Morgen werde ich andere Dächer, andere Hütten lieben. Ich werde nicht, wie es in Liebesbriefen heißt, mein Herz hier zurücklassen. O nein, ich werde mein Herz mitnehmen, ich brauche es auch drüben über den Bergen, zu jeder Stunde. Denn ich bin ein Nomade, kein Bauer. Ich bin ein Verehrer der Untreue, des Wechsels, der Phantasie. Ich halte nichts davon, meine Liebe an irgendeinen Fleck der Erde festzunageln. Ich halte das, was wir lieben, immer nur für ein Gleichnis. Wo unsere Liebe hängen bleibt und zur Treue und Tugend wird, da wird sie mir verdächtig.

Wohl dem Bauern! Wohl dem Besitzenden und Seßhaften, dem Treuen, dem Tugendhaften! Ich kann ihn lieben, ich kann ihn verehren, ich kann ihn beneiden. Aber ich habe mein halbes Leben daran verloren, seine Tugend nachahmen zu wollen. Ich wollte sein, was ich nicht war. Ich wollte zwar ein Dichter sein, aber daneben doch auch ein Bürger. Ich wollte ein Künstler und Phantasiemensch sein, dabei aber auch Tugend haben und Heimat genießen. Lange hat es gedauert, bis ich wußte, daß man nicht beides sein und haben kann, daß ich Nomade bin und nicht Bauer, Sucher und nicht Bewahrer. Lange habe ich mich vor Göttern und Gesetzen kasteit, die doch für mich nur Götzen waren. Dies war mein Irrtum, meine Qual, meine Mitschuld am Elend der Welt. Ich vermehrte Schuld und Qual der Welt, indem ich mir selbst Gewalt antat, indem ich den Weg der Erlösung nicht zu gehen wagte. Der Weg der Erlösung führt nicht nach links und nicht nach rechts, er führt ins eigene Herz, und dort allein ist Gott, und dort allein ist Friede.

Von den Bergen weht ein feuchter Fallwind mir vorüber, jenseits blicken blaue Himmelsinseln auf andere Länder nieder. Unter jenen Himmeln werde ich oftmals glücklich sein, oft auch Heimweh haben. Der vollkommene Mensch meiner Art, der reine Wanderer, müßte das Heimweh nicht kennen. Ich kenne es, ich bin nicht vollkommen, und ich strebe auch nicht es zu sein. Ich will mein Heimweh kosten wie ich meine Freuden koste.

Dieser Wind, dem ich entgegensteige, duftet wunderbar nach Jenseits und Ferne, nach Wasserscheide und Sprachgrenze, nach Gebirge und Süden. Er ist voll Versprechung.

Lebe wohl, kleines Bauernhaus und heimatliche Landschaft! Von dir nehme ich Abschied wie ein Jüngling von der Mutter: er weiß, es ist Zeit für ihn, von der Mutter fort zu gehen, und er weiß auch, daß er sie niemals ganz und gar verlassen kann, ob er auch wollte.

Ländlicher Friedhof

Über schiefen Kreuzen Epheuhang,
Sanfte Sonne, Duft und Bienensang.

Selig ihr, die ihr geborgen liegt,
An der guten Erde Herz geschmiegt,

Selig, die ihr sanft und namenlos,
Heimgekehrte, ruht im Mutterschoß!

Aber horch, aus Bienenflug und Blust
Singt mir Lebensgier und Daseinslust,

Aus der Tiefe Wurzelträumen bricht
Längst erloschener Wesen Drang ans Licht,

Lebenstrümmer, dunkel eingescharrt,
Wandeln sich und heischen Gegenwart,

Und die Erdenmutter königlich
Rührt in drängenden Geburten sich.

Süßer Friedenshort in Grabes Schacht
Wiegt nicht schwerer als ein Traum der Nacht.

Trüber Rauch nur ist der Traum vom Tod,
Unter dem des Lebens Feuer loht.

Bergpaß

Über die tapfere kleine Straße weht der Wind. Baum und Strauch sind zurückgeblieben, Stein und Moos wächst hier allein. Niemand hat hier etwas zu suchen, niemand hat hier Besitz, der Bauer hat nicht Heu noch Holz hier oben. Aber die Ferne zieht, die Sehnsucht brennt, und sie hat über Fels und Sumpf und Schnee hinweg diese gute kleine Straße geschaffen, die zu anderen Tälern, anderen Häusern, zu anderen Sprachen und Menschen führt.

Auf der Paßhöhe mache ich Halt. Nach beiden Seiten fällt die Straße hinab, nach beiden Seiten rinnt Wasser, und was hier oben nah und Hand in Hand beisammen steht, findet seinen Weg nach zwei Welten hin. Die kleine Lache, die mein Schuh da streift, rinnt nach dem Norden ab, ihr Wasser kommt in ferne kalte Meere. Der kleine Schneerest dicht daneben aber tropft nach Süden ab, sein Wasser fällt nach ligurischen oder adriatischen Küsten hin ins

Meer, dessen Grenze Afrika ist. Aber alle Wasser der Welt finden sich wieder, und Eismeer und Nil vermischen sich im feuchten Wolkenflug. Das alte schöne Gleichnis heiligt mir die Stunde. Auch uns Wanderer führt jeder Weg nach Hause.

Noch hat mein Blick die Wahl, noch gehört ihm Nord und Süd. Nach fünfzig Schritten wird nur noch der Süden mir offen stehen. Wie atmet er geheimnisvoll aus bläulichen Tälern herauf! Wie schlägt mein Herz ihm entgegen! Ahnung von Seen und Gärten, Duft von Wein und Mandel weht herauf, alte heilige Sage von Sehnsucht und Romfahrt.

Aus der Jugend klingt mir Erinnerung her wie Glockenruf aus fernen Tälern: Reiserausch meiner ersten Südenfahrt, trunkenes Einatmen der üppigen Gartenluft an den blauen Seen, abendliches Hinüberlauschen über erblassende Schneeberge in die ferne Heimat! Erstes Gebet vor heiligen Säulen des Altertums! Erster traumhafter Anblick des schäumenden Meeres hinter braunen Felsen!

Der Rausch ist nicht mehr da, und nicht mehr das Verlangen, allen meinen Lieben die schöne Ferne und mein Glück zu zeigen. Es ist nicht mehr Frühling in meinem Herzen. Es ist Sommer. Anders klingt der Gruß der Fremde zu mir herauf. Sein Widerhall in meiner Brust ist stiller. Ich werfe keinen Hut in die Luft. Ich singe kein Lied. Aber ich lächle, nicht nur mit dem Munde. Ich lächle mit der Seele, mit den Augen, mit der ganzen Haut, und ich biete dem heraufduftenden Lande andere Sinne entgegen als einstmals, feinere, stillere, schärfere, geübtere, auch dankbarere. Dies alles gehört mir heute mehr als damals, spricht reicher und mit verhundertfachten Nuancen zu mir. Meine trunkene Sehnsucht malt nicht mehr Traumfarben über die verschleierten Fernen, mein Auge ist zufrieden mit dem, was da ist, denn es hat sehen gelernt. Die Welt ist schöner geworden seit damals.

Die Welt ist schöner geworden. Ich bin allein, und leide nicht unter dem Alleinsein. Ich wünsche nichts anderes. Ich bin bereit, mich von der Sonne fertig kochen zu lassen. Ich bin begierig, reif zu werden. Ich bin bereit zu sterben, bereit wiedergeboren zu werden.

Die Welt ist schöner geworden.

Gang am Abend

Spät auf staubiger Straße geh ich,
Mauerschatten fallen schräg,
Und durch Rebenranken seh ich
Mondlicht über Bach und Weg.

Lieder, die ich einst gesungen,
Stimm ich leise wieder an,
Ungezählter Wanderungen
Schatten kreuzen meine Bahn.

Wind und Schnee und Sonnenhitze
Vieler Jahre klingt mir nach,
Sommernacht und blaue Blitze,
Sturm und Reiseungemach.

Braun gebrannt und vollgesogen
Von der Fülle dieser Welt,
Fühl ich weiter mich gezogen,
Bis mein Pfad ins Dunkle fällt.

Dorf

Das erste Dorf auf der Südseite der Berge. Hier beginnt erst recht das Wanderleben, das ich liebe, das ziellose Schweifen, die sonnigen Rasten, das befreite Vagabundentum. Ich neige sehr dazu, aus dem Rucksack zu leben und Fransen an den Hosen zu haben.

Während ich mir Wein aus der Pinte ins Freie bringen lasse, fällt mir plötzlich Ferruccio Busoni ein. »Sie sehen so ländlich aus«, sagte mir der liebe Mensch mit einem Anflug von Ironie, als wir uns das letztemal sahen – es ist gar nicht lange her, in Zürich. Andreä hatte eine Mahler-Symphonie dirigiert, wir saßen im gewohnten Restaurant zusammen, ich freute mich wieder an Busonis fahlem Geistergesicht und an der flotten Bewußtheit dieses glänzendsten Antiphilisters, den wir heute noch haben. – Wie kommt diese Erinnerung hierher?

Ich weiß! Es ist nicht Busoni, an den ich denke, und nicht Zürich, und nicht Mahler. Das sind die üblichen Täuschungen des Gedächtnisses, wenn es an Unbequemes kommt; es schiebt dann gern harmlose Bilder in den Vordergrund. Ich weiß jetzt! In jenem Restaurant saß auch eine junge Frau, hellblond und sehr rotwangig, mit der ich kein Wort sprach. Engel du! Sie anzusehen war Genuß und Qual, wie liebte ich sie jene Stunde lang! Ich war wieder achtzehn Jahre alt.

Plötzlich ist alles deutlich. Schöne, hellblonde, lustige Frau! Ich weiß nicht mehr, wie du heißt. Ich habe dich eine Stunde lang geliebt, und ich liebe dich heut am sonnigen Sträßchen des Bergdorfes wieder, eine Stunde lang. Niemand hat dich mehr geliebt als ich, niemand hat dir jemals so viel Macht über sich eingeräumt wie ich, unbedingte Macht. Aber ich bin zur Untreue verurteilt. Ich gehöre zu den Windbeuteln, welche nicht eine Frau, sondern nur die Liebe lieben.

Wir Wanderer sind alle so beschaffen. Unser Wandertrieb und Vagabundentum ist zu einem großen Teil Liebe, Erotik. Die Reiseromantik ist zur Hälfte nichts anders als Erwartung des

Abenteuers. Zur andern Hälfte aber ist sie unbewußter Trieb, das Erotische zu verwandeln und aufzulösen. Wir Wanderer sind darin geübt, Liebeswünsche gerade um ihrer Unerfüllbarkeit willen zu hegen, und jene Liebe, welche eigentlich dem Weib gehörte, spielend zu verteilen an Dorf und Berg, See und Schlucht, an die Kinder am Weg, den Bettler an der Brücke, das Rind auf der Weide, den Vogel, den Schmetterling. Wir lösen die Liebe vom Gegenstand, die Liebe selbst ist uns genug, ebenso wie wir im Wandern nicht das Ziel suchen, sondern nur den Genuß des Wanderns selbst, das Unterwegssein.

Junge Frau mit dem frischen Gesicht, ich will deinen Namen nicht wissen. Meine Liebe zu dir will ich nicht hegen und mästen. Du bist nicht das Ziel meiner Liebe, sondern ihr Antrieb. Ich schenke diese Liebe weg, an die Blumen am Weg, an den Sonnenblitz im Weinglas, an die rote Zwiebel des Kirchturms. Du machst, daß ich in die Welt verliebt bin.

Ach, dummes Gerede! Ich habe heut Nacht,

in der Berghütte, von der blonden Frau geträumt. Ich war unsinnig in sie verliebt. Ich hätte den Rest meines Lebens samt allen Wanderfreuden darum gegeben, wenn sie bei mir gewesen wäre. An sie denke ich heut den ganzen Tag. Für sie trinke ich Wein und esse Brot. Für sie zeichne ich Dorf und Turm in mein Büchlein. Für sie danke ich Gott – daß sie lebt, daß ich sie sehen durfte. Für sie werde ich ein Lied dichten und mich an diesem roten Wein betrinken.

Und so war es mir bestimmt, daß meine erste Rast im heitern Süden der Sehnsucht nach einer hellblonden Frau jenseits der Berge gehört. Wie schön war ihr frischer Mund! Wie schön, wie dumm, wie verzaubert ist dies arme Leben!

Verlorenheit

Nachtwandler, tast' ich mich durch Wald
und Schlucht,
Phantastisch um mich glüht ein Zauberkreis,
Unachtend ob umworben ob verflucht,
Folg' ich getreu dem inneren Geheiß.

Wie oft hat mich die Wirklichkeit geweckt,
In der Ihr lebt, und mich zu sich befohlen!
Ich stand in ihr ernüchtert und erschreckt
Und habe bald mich wieder fortgestohlen.

O warme Heimat, der Ihr mich entzieht,
O Liebestraum, aus dem Ihr mich gestört,
Zu dir zurück auf tausend Schlichen flieht
Mein Wesen, wie zum Meer das Wasser kehrt.

Mich leiten heimlich Quellen mit Gesang,
Traumvögel rühren glänzendes Gefieder;
Aufklingt aufs neue meiner Kindheit Klang,
Im Goldgeflecht, im süßen Bienensang
Find' ich mich schluchzend bei der Mutter
wieder.

Die Brücke

Auf *auf einer Brücke* führt die Straße über den Bergbach hin und am Wasserfall vorbei. Ich bin diese Straße schon einmal gegangen – schon oft, oft, aber besonders einmal. Das war in der Zeit des Krieges, und mein Urlaub war zu Ende, und ich mußte wieder wegreisen und auf Landstraßen und Eisenbahnen mich beeilen, zur rechten Zeit wieder dabei und im Amt zu sein. Krieg und Amt, Urlaub und Einberufung, rote Zettel und grüne Zettel, Exzellenzen, Minister, Generale, Bureaus – was war das für eine unwahrscheinliche, schattenhafte Welt, und lebte doch, und hatte doch die Macht, die Erde zu vergiften und mich kleinen Wanderer und Aquarellmaler aus meiner Zuflucht hervor zu trompeten. Da lag Wiese und Weinberg, und unter der Brücke, es war Abend, schluchzte im Finstern der Bach und zitterte das nasse Gesträuch, und ein erlöschender Abendhimmel war kühlrosig darübergespannt, bald war es Zeit für die Leuchtkäfer.

Kein Stein hier, den ich nicht liebte. Kein Tropfen im Wasserfall, dem ich nicht dankbar war, der nicht unmittelbar aus Gottes Kammern kam. Aber das alles war nichts, und meine Liebe zu dem niedergebogenen nassen Gesträuch war sentimental, und die Wirklichkeit war ganz anders, und hieß Krieg, und trompetete durch den Mund eines Generals oder Feldwebels, und ich mußte laufen, und aus allen Tälern der Welt mußten tausend andere laufen, und eine große Zeit war angebrochen. Und wir armen guten Tiere liefen schnell, und die Zeit wurde immer größer. Auf der ganzen Reise aber sang in mir das schluchzende Wasser unter der Brücke, und klang die süße Müdigkeit des kühlen Abendhimmels, und alles war überaus töricht und betrübt.

Jetzt gehen wir wieder, jeder an seinem Bach und auf seiner Straße, und sehen die alte Welt, Gesträuch und Wiesenhang, aus stiller und müder gewordenen Augen an. Wir denken an die Freunde, die begraben sind, und wissen nur, es mußte sein, und tragen es traurig.

Aber das schöne Wasser kommt noch immer weiß und blau den braunen Berg herabgeronnen, und singt das alte Lied, und der Busch sitzt voll von Amseln. Keine Trompete schreit aus der Ferne herüber, und die große Zeit besteht wieder aus Tagen und Nächten, die voll von Zaubern sind, und aus Morgen und Abenden, aus Mittagen und Dämmerungen, und das geduldige Herz der Welt schlägt weiter. Wenn wir uns auf die Wiese legen, das Ohr an der Erde, oder uns über die Brücke übers Wasser beugen, oder lang in den hellen Himmel blicken, so hören wir es, das große ruhige Herz, und es ist das Herz der Mutter, deren Kinder wir sind.

Wenn ich heut an jenen Abend denke, da ich hier meinen Abschiedsweg ging, so klingt die Trauer schon aus einer Ferne herüber, deren Blau und Duft von Kampf und Schrei nichts weiß.

Und einmal wird von allem nichts mehr da sein, was mein Leben verzerrt und gequält und oft mit so schwerer Angst erfüllt hat. Einmal wird mit der letzten Müdigkeit der Friede kommen, und die mütterliche Erde wird mich in sich nehmen. Es wird nicht zum Ende sein, sondern zur Wiedergeburt, es wird ein Bad und Schlummer sein, in dem Altes und Verwelktes hinsinkt, und Junges und Neues zu atmen beginnt. Dann will ich wieder, mit anderen Gedanken, solche Straßen gehen, und Bächen zuhören, und Abendhimmel belauschen, immer und immer wieder.

Herrliche Welt

Immer und immer fühl ich's, ob alt
    oder jung:
Ein Gebirg' in der Nacht, am Balkon ein
    schweigendes Weib,
Eine weiße Straße im Mondschein mit sanftem
    Schwung,
Das reißt mir vor Sehnsucht das bange Herz
    aus dem Leib.

O brennende Welt, o du weißes Weib
    am Balkon,
Bellender Hund im Tal, fernrollende
    Eisenbahn,
O wie loget ihr, o wie bitter betrogt ihr
    mich schon,
Dennoch seid ihr noch immer mein süßester
    Traum und Wahn.

Oft versucht' ich den Weg in die schreckliche
    »Wirklichkeit«,
Wo Assessor, Gesetz, Mode und Geldkurs gilt,

Aber einsam entfloh ich immer, enttäuscht
und befreit
Dort hinüber, wo Traum und selige Narrheit
quillt.

Schwüler Nachtwind im Baum, dunkle
Zigeunerin,
Welt voll törichter Sehnsucht und Dichter-
duft,
Herrliche Welt, der ich ewig verfallen bin,
Wo dein Wetterleuchten mir zuckt, wo deine
Stimme mir ruft!

Pfarrhaus

An diesem schönen Hause vorüberwandern, das gibt einem einen Hauch von Sehnsucht und Heimweh mit Sehnsucht nach Stille, Ruhe und Bürgertum, Heimweh nach guten Betten, Gartenbank und Düften einer feinen Küche, dazu auch nach Studierzimmer, Tabak, alten Büchern. Und wie sehr habe ich in meiner Jugend die Theologie verachtet und verspottet! Sie ist, wie ich heute weiß, eine Gelehrsamkeit voll Anmut und Zauber, sie hat es nicht mit Lumpereien zu tun wie Metern und Zentnern, auch nicht mit schnöder Weltgeschichte, worin beständig geschossen, Hoch gerufen und verraten wird, sondern sie befaßt sich zart und fein mit innigen, lieben, seligen Dingen, mit Gnade und Erlösung, mit Engeln und Sakramenten.

Wunderbar wäre es für einen Menschen wie mich, hier drin zu wohnen und Pfarrer zu sein. Gerade für einen Menschen wie mich! Wäre ich nicht der Mann dazu, hier in einem feinen schwarzen Hausrock hin und wieder zu gehen, die Birnenspaliere im Garten zärtlich und doch wieder nur geistig und gleichnisweise zu lieben, Sterbende im Dorf zu trösten, in alten lateinischen Büchern zu lesen, der Köchin milde Befehle zu erteilen und am Sonntag mit einer guten Predigt im Kopf über die Steinfliesen nach der Kirche hinüber zu wandeln?

Bei schlechtem Wetter würde ich gewaltig einheizen und mich hin und wieder an einen der grünen oder bläulichen Kachelöfen lehnen, dazwischen auch mich ans Fenster stellen und den Kopf zu diesem Wetter schütteln.

Bei schönem Sonnenwetter hingegen würde ich viel im Garten sein, an den Spalieren schneiden und binden, oder am offenen Fenster stehen, nach den Bergen blicken, wie sie aus dem Grau und Schwarz wieder rosig und glühend werden. Ach, ich würde mit tiefer Teilnahme jedem Wanderer nachblicken, der an meinem stillen Haus vorüberzöge, ich würde ihm mit zarten und wohlwollenden Gedanken folgen, und auch mit Sehnsucht, denn er hat doch das bessere Teil erwählt, der wirklich und ehrlich ein Gast und Pilger auf Erden ist, statt wie ich den Seßhaften und Herrn zu spielen.

Ein solcher Pfarrer würde ich vielleicht sein. Vielleicht auch würde ich ein anderer sein, würde im düstern Studierzimmer mir die Nächte mit schwerem Burgunder vertreiben und mit tausend Teufeln mich herumhauen, oder ich würde nachts aus Angstträumen aufschrecken, weil die Gewissensfurcht über heimliche Sünden mit meinen Beichtmädchen mich auftriebe. Oder ich würde mein grünes Gartentor verschlossen halten, und den Meßner läuten lassen, und mich den Teufel um mein Amt und um mein Dorf und um die Welt bekümmern, wurde auf einem breiten Kanapee liegen, rauchen und wahnsinnig faulenzen. Abends zu faul, um mich auszuziehen, morgens zu faul, um aufzustehen.

Kurz, ich würde eigentlich in diesem Hause kein Pfarrer sein, sondern derselbe unstete und harmlose Wanderer wie jetzt, ich würde niemals Pfarrer sein, sondern bald phantastischer

Theolog, bald Feinschmecker, bald stinkfaul und hinter den Weinflaschen her, bald auf junge Mädchen versessen, bald Dichter und Mime, bald heimwehkrank mit Angst und Weh im armen Herzen.

Darum ist es nun einerlei, ob ich das grüne Tor und die Spalierbäume, den hübschen Garten und das hübsche Pfarrhaus von außen oder innen anschaue, ob meine Sehnsucht von der Straße zu dem stillen geistlichen Herrn durchs Fenster hinein, oder ob sie aus dem Fenster mit Neid und Sehnsucht zu den Wanderern herausschaut. Es ist völlig einerlei, ob ich hier Pfarrer bin oder Vagabund auf der Straße. Es ist alles völlig einerlei, bis auf einiges Wenige, woran mir allerdings sehr stark gelegen ist. Daß ich das Leben in mir zucken spüre, sei's auf der Zunge oder an den Sohlen, sei's in Wollust oder in Qualen, daß meine Seele beweglich sei und mit hundert Phantasiespielen in hundert Formen sich hineinstehlen könne, in Pfarrherren und Wanderer, in Köchinnen und Mörder, in Kinder und Tiere, namentlich auch in Vögel, und auch in Bäume, das ist wesentlich, das will und brauche ich zum Leben, und wenn es einmal damit nichts mehr sein sollte und ich auf ein Leben in der sogenannten »Wirklichkeit« angewiesen wäre, dann werde ich lieber sterben.

Ich habe mich an den Brunnen gelehnt und das Pfarrhaus abgezeichnet, mit der grünen Tür, die mir eigentlich von allem am besten gefällt, und mit dem Kirchturm dahinter. Es ist möglich, daß ich die Tür grüner gemacht habe als sie ist, und den Kirchturm in die Länge gezogen. Die Hauptsache ist, daß ich eine Viertelstunde in diesem Hause Heimat hatte. Ich werde nach diesem Pfarrhaus, das ich nur von außen sah und in dem ich keinen Menschen kenne, einmal Heimweh haben wie nach einer richtigen Heimat, wie nach den Orten, an denen ich ein Kind und glücklich war. Denn auch hier war ich ja, eine Viertelstunde lang, ein Kind und glücklich.

Gehöft

Wenn ich diese gesegnete Gegend am Südfuß der Alpen wieder sehe, dann ist mir immer zumute, als kehre ich aus einer Verbannung heim, als sei ich endlich wieder auf der richtigen Seite der Berge. Hier scheint die Sonne inniger, und die Berge sind röter, hier wächst Kastanie und Wein, Mandel und Feige, und die Menschen sind gut, gesittet und freundlich, obwohl sie arm sind. Und alles, was sie machen, sieht so gut, so richtig und freundlich aus, als sei es von Natur so gewachsen. Die Häuser, Mauern, Weinbergtreppen, Wege, Pflanzungen und Terrassen, alles ist weder neu noch alt, alles ist, als sei es nicht erarbeitet, erklügelt und der Natur abgelistet, sondern entstanden wie Fels, Baum und Moos. Weinbergmauer, Haus und Hausdach, alles ist vom selben braunen Gneisgestein gemacht, alles paßt brüderlich zueinander. Nichts sieht fremd, feindlich und gewaltsam aus, alles scheint vertraulich, heiter, nachbarlich.

Setze dich nieder, wo du willst, auf Mauer, Fels oder Baumstumpf, auf Gras oder Erde: überall umgibt dich ein Bild und Gedicht, überall klingt die Welt um dich her schön und glücklich zusammen.

Hier ist ein Gehöft, wo arme Bauern wohnen. Sie haben kein Rindvieh, nur Schwein, Ziege und Huhn, sie pflanzen Wein, Mais, Obst und Gemüse. Das ganze Haus ist aus Stein, auch Böden und Treppen, zum Hofe führt eine behauene Stufe zwischen zwei Steinsäulen. Überall blaut zwischen Gewächs und Gestein der See herauf.

Die Gedanken und Sorgen scheinen jenseits der Schneeberge liegengeblieben zu sein. Zwischen gequälten Menschen und häßlichen Sachen denkt und sorgt man so viel! Es ist dort so schwer, und so verzweifelt wichtig, eine Rechtfertigung des Daseins zu finden. Wie sollte man denn sonst leben? Vor lauter Unglück wird man tiefsinnig. – Hier aber sind keine Probleme, das Dasein bedarf keiner Rechtfertigung, die Gedanken werden zum Spiel. Man empfindet: die Welt ist schön, und das Leben ist kurz. Nicht alle Wünsche ruhen; ich möchte ein paar Augen mehr, eine Lunge mehr haben. Ich strecke die Beine ins Gras und wünsche, sie möchten länger sein.

Ich möchte ein Riese sein, dann läge ich mit dem Kopf nah am Schnee auf einer Alp zwischen den Ziegen, und meine Zehen unten plätscherten im tiefen See. So läge ich und stände nimmer auf, zwischen meinen Fingern wüchse Gesträuch, in meinem Haar Alpenrosen, meine Knie wäre Vorgebirge, auf meinem Leibe stünden Weinberge, Häuser und Kapellen. So liege ich zehntausend Jahre, blinzle in den Himmel, blinzle in den See. Wenn ich niese, gibt es ein Gewitter. Wenn ich drüber hauche, schmilzt der Schnee, und Wasserfälle tanzen. Wenn ich sterbe, stirbt die ganze Welt. Dann fahre ich übers Weltmeer, eine neue Sonne zu holen.

Wo werde ich diesen Abend schlafen? Einerlei! Was macht die Welt? Sind neue Götter erfunden, neue Gesetze, neue Freiheiten?

Einerlei! Aber daß hier oben noch eine Primel blüht und Silberpelzchen auf den Blättern trägt, und daß der leise süße Wind dort unten in der Pappel singt, und daß zwischen meinem Auge und dem Himmel eine dunkelgoldene Biene schwebt und summt, – das ist nicht einerlei. Sie summt das Lied vom Glück, sie summt das Lied von der Ewigkeit. Ihr Lied ist meine Weltgeschichte.

Regen

Lauer Regen, Sommerregen
Rauscht von Büschen, rauscht von Bäumen.
O wie gut und voller Segen,
Einmal wieder satt zu träumen!

War so lang im Hellen draußen,
Ungewohnt ist mir dies Wogen:
In der eignen Seele hausen
Nirgend fremdwärts hingezogen.

Nichts begehr ich, nichts verlang ich,
Summe leise Kindertöne,
Und verwundert heim gelang ich
In der Träume warme Schöne.

Herz, wie bist du wund gerissen
Und wie selig, blind zu wühlen,
Nicht zu denken, nicht zu wissen,
Nur zu atmen, nur zu fühlen!

Bäume

Bäume sind für mich immer die eindring-lichsten Prediger gewesen. Ich verehre sie, wenn sie in Völkern und Familien leben, in Wäldern und Hainen. Und noch mehr verehre ich sie, wenn sie einzeln stehen. Sie sind wie Einsame. Nicht wie Einsiedler, welche aus ir-gendeiner Schwäche sich davongestohlen ha-ben, sondern wie große, vereinsamte Men-schen, wie Beethoven und Nietzsche. In ihren Wipfeln rauscht die Welt, ihre Wurzeln ruhen im Unendlichen; allein sie verlieren sich nicht darin, sondern erstreben mit aller Kraft ihres Lebens nur das Eine: ihr eigenes, in ihnen woh-nendes Gesetz zu erfüllen, ihre eigene Gestalt auszubauen, sich selbst darzustellen. Nichts ist heiliger, nichts ist vorbildlicher als ein schöner, starker Baum. Wenn ein Baum umgesägt wor-den ist und seine nackte Todeswunde der Sonne zeigt, dann kann man auf der lichten Scheibe seines Stumpfes und Grabmals seine ganze Ge-schichte lesen: in den Jahresringen und Verwachsungen steht aller Kampf, alles Leid, alle Krankheit, alles Glück und Gedeihen treu geschrieben, schmale Jahre und üppige Jahre, überstandene Angriffe, überdauerte Stürme. Und jeder Bauernjunge weiß, daß das härteste und edelste Holz die engsten Ringe hat, daß hoch auf Bergen und in immerwährender Gefahr die unzerstörbarsten, kraftvollsten, vorbildlichsten Stämme wachsen.

Bäume sind Heiligtümer. Wer mit ihnen zu sprechen, wer ihnen zuzuhören weiß, der erfährt die Wahrheit. Sie predigen nicht Lehren und Rezepte, sie predigen, um das Einzelne unbekümmert, das Urgesetz des Lebens.

Ein Baum spricht: In mir ist ein Kern, ein Funke, ein Gedanke verborgen, ich bin Leben vom ewigen Leben. Einmalig ist der Versuch und Wurf, den die ewige Mutter mit mir gewagt hat, einmalig ist meine Gestalt und das Geäder meiner Haut, einmalig das kleinste Blätterspiel meines Wipfels und die kleinste Narbe meiner Rinde. Mein Amt ist, im ausgeprägten Einmaligen das Ewige zu gestalten und zu zeigen.

Ein Baum spricht: Meine Kraft ist das Vertrauen. Ich weiß nichts von meinen Vätern, ich weiß nichts von den tausend Kindern, die in jedem Jahr aus mir entstehen. Ich lebe das Geheimnis meines Samens zu Ende, nichts andres ist meine Sorge. Ich vertraue, daß Gott in mir ist. Ich vertraue, daß meine Aufgabe heilig ist. Aus diesem Vertrauen lebe ich.

Wenn wir traurig sind und das Leben nicht mehr gut ertragen können, dann kann ein Baum zu uns sprechen: Sei still! Sei still! Sieh mich an! Leben ist nicht leicht, Leben ist nicht schwer. Das sind Kindergedanken. Laß Gott in dir reden, so schweigen sie. Du bangst, weil dich dein Weg von der Mutter und Heimat wegführt. Aber jeder Schritt und Tag führt dich neu der Mutter entgegen. Heimat ist nicht da oder dort. Heimat ist in dir innen, oder nirgends.

Wandersehnsucht reißt mir am Herzen, wenn ich Bäume höre, die abends im Wind rauschen. Hört man still und lange zu, so zeigt auch die Wandersehnsucht ihren Kern und

Sinn. Sie ist nicht Fortlaufenwollen vor dem Leid, wie es schien. Sie ist Sehnsucht nach Heimat, nach Gedächtnis der Mutter, nach neuen Gleichnissen des Lebens. Sie führt nach Hause. Jeder Weg führt nach Hause, jeder Schritt ist Geburt, jeder Schritt ist Tod, jedes Grab ist Mutter.

So rauscht der Baum im Abend, wenn wir Angst vor unsern eigenen Kindergedanken haben. Bäume haben lange Gedanken, langatmige und ruhige, wie sie ein längeres Leben haben als wir. Sie sind weiser als wir, solange wir nicht auf sie hören. Aber wenn wir gelernt haben, die Bäume anzuhören, dann gewinnt gerade die Kürze und Schnelligkeit und Kinderhast unserer Gedanken eine Freudigkeit ohnegleichen. Wer gelernt hat, Bäumen zuzuhören, begehrt nicht mehr, ein Baum zu sein. Er begehrt nichts zu sein, als was er ist. Das ist Heimat. Das ist Glück.

Malerfreude

Äcker tragen Korn und kosten Geld,
Wiesen sind von Stacheldraht umlauert,
Notdurft sind und Habsucht aufgestellt,
Alles scheint verdorben und vermauert.

Aber hier in meinem Auge wohnt
Eine andre Ordnung aller Dinge,
Violett zerfließt und Purpur thront,
Deren unschuldvolles Lied ich singe.

Gelb zu Gelb, und Gelb zu Rot gesellt,
Kühle Bläue rötlich angeflogen,
Licht und Farbe schwingt von Welt zu Welt,
Wölbt und tönt sich aus in Liebeswogen.

Geist regiert, der alles Kranke heilt,
Grün klingt auf aus neugeborener Quelle,
Neu und sinnvoll wird die Welt verteilt,
Und im Herzen wird es froh und helle.

Regenwetter

Es will anfangen zu regnen, überm See hängt grau und ängstlich die schlaffe Luft. Ich gehe am Strand, in der Nähe meines Wirtshauses.

Es gibt ein Regenwetter, das ist erfrischend und heiter. Das heutige ist nicht so. Die Feuchtigkeit fällt und steigt fortwährend in der dikken Luft, die Wolken lassen beständig fallen, und immer sind neue da. Unentschlossenheit und schlechte Laune herrscht am Himmel.

Diesen Abend hatte ich mir viel schöner gedacht, Abendessen und Nachtlager in der Fischerkneipe, Gang am Strand, Bad im See, vielleicht Schwimmen im Mondlicht.

Statt dessen läßt ein mißtrauischer und finsterer Himmel nervös und mißgestimmt seine launischen Regenschauer fallen, und ich schleiche nicht minder nervös und mißgestimmt durch die verwandelte Landschaft. Vielleicht habe ich gestern nacht zu viel Wein getrunken, oder zu wenig, oder ich habe von ängstlichen

Dingen geträumt. Weiß Gott, was es ist. Die Laune ist zum Teufel, die Luft ist schlaff und peinigend, meine Gedanken sind finster, die Welt ist ohne Glanz.

Heut Abend werde ich mir Fische backen lassen, und sehr viel roten Landwein dazu trinken. Wir werden schon wieder etwas Glanz in die Welt bringen und das Leben erträglicher finden. Wir stecken in der Kneipe ein Kaminfeuer an, daß man diesen faulen schlaffen Regen nimmer hört und sieht. Ich rauche die guten langen Brissago-Zigarren dazu, und halte das Weinglas gegens Feuer, daß es blutig karfunkelt. Wir werden es schon machen. Der Abend wird vergehen, ich werde schlafen können, morgen wird alles anders sein.

Ins seichte Strandwasser klatschen Regentropfen, ein Wind wühlt kühlfeucht in den nassen Bäumen, sie blinken bleiern auf wie tote Fische. Der Teufel hat in die Suppe gespuckt. Nichts stimmt. Nichts klingt. Nichts freut und wärmt. Alles ist öd, trist, beschissen. Alle Saiten verstimmt. Alle Farben gefälscht.

Ich weiß, warum es so ist. Es ist nicht ein Wein, den ich gestern getrunken, und ist nicht ein schlechtes Bett, in dem ich geschlafen, es ist auch nicht das Regenwetter. Es sind Teufel dagewesen und haben Saite um Saite in mir schrill verstimmt. Die Angst war wieder da, Angst aus Kinderträumen, aus Märchen, aus Schulknabenschicksalen. Die Angst, das Umschlossensein vom Unabänderlichen, die Melancholie, der Ekel. Wie fade schmeckt die Welt! Wie scheußlich, daß man morgen wieder aufstehen, wieder essen, wieder leben muß! Warum lebt man denn? Warum ist man so blödsinnig gutmütig? Warum liegt man nicht längst im See?

Dagegen ist kein Kraut gewachsen. Du kannst nicht ein Vagabund und Künstler, und daneben auch noch ein Bürger und wohlanständiger Gesunder sein. Du willst den Rausch haben, so habe auch den Katzenjammer! Sagst du Ja zum Sonnenschein und den holden Phantasien, so sage auch Ja zum Schmutz und Ekel! Alles das ist in dir, Gold und Dreck, Lust und Pein, Kinderlachen und Todesangst. Sag Ja zu allem, drücke dich um nichts, suche nichts hinwegzulügen! Du bist kein Bürger, du bist auch kein Grieche, du bist nicht harmonisch und Herr deiner selbst, du bist ein Vogel im Sturm. Laß stürmen! Laß dich treiben! Wie viel hast du gelogen! Wie tausendmal hast du, auch in deinen Gedichten und Büchern, den Harmonischen und Weisen gespielt, den Glücklichen, den Abgeklärten! So haben sie im Krieg beim Angriff die Helden gespielt, während die Eingeweide zuckten! Herrgott, was für ein armer Aff und Spiegelfechter ist der Mensch – zumal der Künstler – zumal der Dichter – zumal ich!

Ich werde mir Fische backen lassen, und werde den Nostrano aus dickem Glase trinken, und die langen Zigarren dazu qualmen, und ins Kaminfeuer spucken, an meine Mutter denken, und aus meiner Angst und Traurigkeit einen Tropfen Süßigkeit zu pressen suchen. Dann werde ich im schlechten Bett an dünner Wand liegen, Wind und Regen hören, mit dem Herzklopfen kämpfen, den Tod wünschen, den Tod fürchten, Gott anrufen. Bis es vorüber ist, bis die Verzweiflung müde wird, bis wieder etwas wie Schlaf und Trost mir winkt. So war es, als ich zwanzigjährig war, so ist es heute, so wird es weiter sein, bis es ein Ende hat. Immer wieder werde ich mein liebes, schönes Leben mit diesen Tagen bezahlen müssen. Immer wieder werden diese Tage und Nächte kommen, die Angst, der Ekel, die Verzweiflung. Und doch werde ich leben, und doch werde ich das Leben lieben.

O wie schäbig und hämisch die Wolken an den Bergen hängen! Wie falsch und blechern spiegelt das fade Licht im See! Wie dumm und trostlos ist alles, was mir in den Sinn kommt!

Kapelle

Die rosenrote Kapelle mit dem kleinen Vordach muß von guten und zartfühlenden Menschen erbaut sein, und von sehr frommen Menschen.

Mir ist oft gesagt worden, es gäbe heute keine frommen Menschen mehr. Man könnte ebensogut sagen, es gäbe heute keine Musik und keinen blauen Himmel mehr. Ich glaube, es gibt viele Fromme. Ich selbst bin fromm. Aber ich war es nicht immer.

Der Weg zur Frömmigkeit mag für jeden ein andrer sein. Für mich lief er über viel Irrtümer und Leiden, über viel Selbstquälerei, durch stattliche Dummheiten, Urwälder von Dummheiten. Ich bin Freigeist gewesen und wußte, daß Frömmigkeit eine Seelenkrankheit sei. Ich bin Asket gewesen und habe mir Nägel ins Fleisch getrieben. Ich wußte nicht, daß Frommsein Gesundheit und Heiterkeit bedeutet.

Frommsein ist nichts andres als Vertrauen.

Vertrauen hat der einfache, gesunde, harmlose Mensch, das Kind, der Wilde. Unsereiner, der nicht einfach noch harmlos war, mußte das Vertrauen auf Umwegen finden. Vertrauen zu dir selbst ist der Beginn. Nicht mit Abrechnungen, Schuld und bösem Gewissen, nicht mit Kasteiung und Opfern wird der Glaube gewonnen. Alle diese Bemühungen wenden sich an Götter, welche außer uns wohnen. Der Gott, an den wir glauben müssen, ist in uns innen. Wer zu sich selber nein sagt, kann zu Gott nicht ja sagen.

O liebe, innige Kapellen dieses Landes! Ihr traget die Zeichen und Inschriften eines Gottes, der nicht der meine ist. Eure Gläubigen beten Gebete, deren Worte ich nicht kenne. Dennoch kann ich in euch beten, so gut wie im Eichenwald oder auf der Bergwiese. Ihr blühet aus dem Grün hervor, gelb oder weiß oder rosig, wie Frühlingslieder junger Menschen. Jedes Gebet ist bei euch erlaubt und heilig.

Gebet ist so heilig, so heilend wie Gesang. Gebet ist Vertrauen, ist Bestätigung. Wer wahrhaft betet, der bittet nicht, er zählt nur seine Zustände und Nöte, er singt sein Leid und seinen Dank vor sich hin, wie die kleinen Kinder singen. So haben die seligen Einsiedler gebetet, die inmitten ihrer Oase und Rehe im Kirchhof von Pisa gemalt sind, es ist das schönste Bild der Welt. So beten auch Bäume, auch Tiere. Auf den Bildern guter Maler betet jeder Baum und jeder Berg.

Wer aus einem frommen Protestantenhause stammt, der hat einen weiten Weg zu suchen bis zu diesem Gebet. Er kennt die Höllen des Gewissens, er kennt den Todesstachel der Zerfallenheit mit sich selber, er hat Spaltung, Qual, Verzweiflung jeder Art erfahren. Am späten Ende des Weges sieht er mit Erstaunen, wie einfach, kindlich und natürlich die Seligkeit ist, die er auf so dornigen Wegen gesucht hat. Aber die Dornenwege waren nicht umsonst. Der Heimgekehrte ist ein andrer als der stets Daheimgebliebene. Er liebt inniger, und er ist freier von Gerechtigkeit und Wahn. Gerechtigkeit ist die Tugend der Daheimgebliebenen, eine alte Tugend, eine Urmenschentugend. Wir Jüngeren können sie nicht gebrauchen. Wir kennen nur *ein* Glück: Liebe, und nur *eine* Tugend: Vertrauen.

Euch Kapellen beneide ich um eure Gläubigen, um eure Gemeinden. Hundert Beter klagen euch ihr Leid, hundert Kinder bekränzen eure Türen und bringen in euch ihre Kerzen dar. Unser Glaube aber, die Frömmigkeit der Weitgereisten, ist einsam. Die vom alten Glauben wollen nicht unsre Genossen sein, und die Strömungen der Welt gehen fern von unsren Inseln vorüber.

Ich pflücke Blumen in der nächsten Wiese, Primel, Klee und Hahnenfuß, und lege sie in der Kapelle nieder. Ich setze mich auf die Brüstung unterm Vordach und summe mein frommes Lied in der Morgenstille. Mein Hut liegt auf der braunen Mauer, und ein blauer Schmetterling setzt sich darauf. Im fernen Tal pfeift dünn und sanft eine Eisenbahn. Auf den Sträuchern blinkt noch hier und dort der Morgentau.

Vergänglichkeit

Vom Baum des Lebens fällt
  Mir Blatt um Blatt.
O taumelbunte Welt,
Wie machst du satt,
Wie machst du satt und müd,
Wie machst du trunken!
Was heut noch glüht,
Ist bald versunken.
Bald klirrt der Wind
Über mein braunes Grab,
Über das kleine Kind
Beugt sich die Mutter herab.
Ihre Augen will ich wiedersehn,
Ihr Blick ist mein Stern,
Alles andre mag gehn und verwehn,
Alles stirbt, alles stirbt gern.
Nur die ewige Mutter bleibt,
Von der wir kamen,
Ihr spielender Finger schreibt
In die flüchtige Luft unsre Namen.

Mittagsrast

Wieder lacht der Himmel hell, über allem tanzt ein Überfluß von Luft. Das ferne fremde Land gehört mir wieder, die Fremde ist Heimat geworden. Beim Baume überm See ist heut mein Platz, ich habe eine Hütte mit Vieh und einige Wolken gezeichnet. Ich habe einen Brief geschrieben, den ich nicht absende. Jetzt packe ich mein Essen aus dem Sack: Brot, Wurst, Nüsse, Schokolade.

Nahe ist ein Birkengehölz, dort sah ich den Boden voll von dürren Zweigen liegen. Es kommt mir die Lust, ein Feuerchen zu machen, es zum Kameraden zu haben und bei ihm zu sitzen. Ich gehe hinüber, sammle einen guten Arm voll Reisig, lege Papier darunter und zünde an. Der dünne Rauch steigt leicht und freudig auf, die hellrote Flamme blickt sonderbar ins sonnige Mittagslicht.

Die Wurst ist gut, ich werde morgen wieder so eine kaufen. Wollte Gott, ich hätte ein paar Kastanien bei mir, um sie zu braten!

Nach der Mahlzeit breite ich meine Jacke ins Gras, lege den Kopf darauf und sehe zu, wie mein kleines Rauchopfer in die helle Höhe emporsteigt. Etwas Musik und Festgenuß gehört dazu. Ich besinne mich auf Lieder von Eichendorff, die ich auswendig weiß. Es fallen mir nicht viele ein, bei einigen fehlen mir Verse. Ich sage die Lieder halb singend her, nach den Melodien von Hugo Wolf und Othmar Schoeck. »Wer in die Fremde will wandern« und »Du liebe treue Laute«, das sind die schönsten. Die Lieder sind voll Wehmut, aber die Wehmut ist nur eine Sommerwolke, dahinter steht Sonne und Vertrauen. Das ist Eichendorff. Darin steht er über Mörike und Lenau.

Wenn jetzt meine Mutter noch lebte, würde ich an sie denken und versuchen, ihr alles zu sagen und zu bekennen, was sie von mir wissen sollte.

Statt dessen kommt ein schwarzhaariges Mädchen gegangen, zehn Jahre alt, die schaut mir und meinem Feuerchen zu, nimmt eine Nuß und ein Stück Schokolade von mir, setzt sich zu mir ins Gras, und nun erzählt sie, von ihrer Ziege und von ihrem großen Bruder, mit der Würde und dem Ernst der Kinder. Was für Hanswurste sind wir Alten! Dann muß sie nach Hause, sie hat dem Vater das Essen hinausgebracht. Sie grüßt artig und ernsthaft und geht in ihren Holzsandalen und roten Wollstrümpfen weiter. Sie heißt Annunziata.

Das Feuer ist erloschen. Die Sonne ist unmerklich weiter gerückt. Ich will heute noch eine gute Strecke gehen. Im Einpacken und Zusammenschnallen meines Bündels fällt mir noch ein Eichendorff ein, und ich singe im Knien:

Bald, ach wie bald kommt die stille Zeit,
Da ruh' auch ich, und über mir
Rauschet die schöne Waldeinsamkeit,
Und keiner mehr kennt mich auch hier.

Ich empfinde zum erstenmal, daß auch in diesem lieben Vers die Wehmut nur ein Wolkenschatten ist. Diese Wehmut ist nichts als die sanfte Musik der Vergänglichkeit, ohne welche das Schöne uns nicht rührt. Sie ist ohne Schmerz. Ich nehme sie mit auf den Marsch und trabe zufrieden auf dem Bergsteig weiter, den See tief unter mir, an einem Mühlenbach mit Kastanienbäumen und eingeschlafenem Rad vorbei, in den stillen blauen Tag hinein.

Der Wanderer an den Tod

Auch zu mir kommst du einmal,
Du vergißt mich nicht,
Und zu Ende ist die Qual,
Und die Kette bricht.

Noch erscheinst du fremd und fern,
Lieber Bruder Tod.
Stehest als ein kühler Stern
Über meiner Not.

Aber einmal wirst du nah
Und voll Flammen sein.
Komm, Geliebter, ich bin da,
Nimm mich, ich bin dein!

See, Baum, Berg

Es war einmal ein See. Über den blauen See
und den blauen Himmel hinweg ragte
grün und gelb ein Frühlingsbaum. Jenseits
ruhte der Himmel still auf dem gewölbten
Berge.

Ein Wanderer saß zu Füßen des Baumes.
Gelbe Blütenblätter sanken auf seine Schultern.
Er war müde und hatte die Augen geschlossen.
Traum sank von dem gelben Baume auf ihn
herunter.

Der Wanderer wurde klein und war ein
Knabe, hinterm Hause im Garten hörte er seine
Mutter singen. Er sah einen Falter fliegen, gelb
und süß, freudiggelb im blauen Himmel. Dem
Falter lief er nach. Er lief über die Wiese, er lief
über den Bach, er lief an den See. Da flog der
Falter hoch überm hellen Wasser weiter, und
der Knabe flog ihm nach, schwebte hell und
leicht, flog glücklich durch den blauen Raum.
Sonne schien auf seine Flügel. Er flog dem Gelben nach und flog über den See und über den

hohen Berg, da stand auf einer Wolke Gott und sang. Um ihn her waren die Engel, und einer von den Engeln sah aus wie des Knaben Mutter, und hielt eine grüne Gießkanne über ein Beet mit Tulpen geneigt, daß sie trinken konnten. Zu ihm flog der Knabe, und war auch ein Engel, und umarmte seine Mutter.

Der Wanderer rieb sich die Augen, und schloß sie wieder. Er brach eine rote Tulpe und steckte sie seiner Mutter an die Brust. Er brach eine Tulpe und steckte sie ihr ins Haar. Engel und Schmetterlinge flogen, und alle Vögel und Tiere und Fische der Welt waren da, und welchen man bei seinem Namen rief, der kam her und flog dem Knaben in die Hand und gehörte ihm, ließ sich streicheln, ließ sich befragen, ließ sich weiterschicken.

Der Wanderer erwachte und dachte an die Engel. Er hörte vom Baum die feinen Blätter rieseln, und hörte im Baum das feine, stille Leben in goldenen Strömen auf und nieder steigen. Der Berg sah zu ihm herüber, dort lehnte Gott in einem braunen Mantel und sang. Man hörte sein Lied über die gläserne Seebreite herüber. Es war ein einfaches Lied, es vermischte sich und klang zusammen mit dem leisen Strömen der Kräfte im Baum, und mit dem leisen Strömen des Blutes im Herzen, und mit den leisen goldenen Strömen, die aus dem Traume her durch ihn hin rannen.

Da fing er selber an zu singen, langsam und gedehnt. Sein Lied war ohne Kunst, es war wie Luft und Wellenschlag, es war nur ein Summen und bienenhaftes Brummsen. Das Lied gab dem singenden Gott in der Ferne Antwort, und dem singenden Strom im Baum, und dem rinnenden Gesang im Blut.

Lange sang der Wanderer so vor sich hin, wie eine Glockenblume im Frühlingswind vor sich hin läutet und wie eine Heuschrecke im Gras Musik macht. Er sang eine Stunde lang, oder ein Jahr. Er sang kindlich und göttlich, er sang Schmetterling und sang Mutter, er sang Tulpe und sang See, er sang sein Blut und das Blut im Baume.

Als er weiterging und gedankenlos in das

warme Land hineinlief, fiel ihm allmählich sein Weg und sein Ziel und sein eigener Name wieder ein, und daß es Dienstag war, und daß drüben die Bahn nach Mailand lief. Nur ganz in der Ferne hörte er noch singen, über den See herüber. Dort stand Gott im braunen Mantel und sang noch immer, aber der Wanderer verlor den Ton mehr und mehr aus dem Gehör.

Magie der Farben

Gottes Atem hin und wider,
Himmel oben, Himmel unten,
Licht singt tausendfache Lieder,
Gott wird Welt im farbig Bunten.

Weiß zu Schwarz, und Warm zum Kühlen
Fühlt sich immer neu gezogen,
Ewig aus chaotischem Wühlen
Klärt sich neu der Regenbogen.

So durch unsre Seele wandelt
Tausendfalt in Qual und Wonne
Gottes Licht, erschafft und handelt,
Und wir preisen Ihn als Sonne.

Bewölkter Himmel

Zwischen den Felsen blühen kleine Zwergenkräuter. Ich liege und blicke in den abendlichen Himmel, der seit Stunden sich langsam mit kleinen, stillen, wirren Wölkchen überzieht. Dort oben müssen Winde gehen, von denen man hier nichts spürt. Sie weben die Wolkenfäden wie Garn.

Wie das Verdunsten und das Wiederherabregnen des Wassers über der Erde in einem gewissen Rhythmus erfolgt, wie die Jahreszeiten oder Ebbe und Flut ihre festen Zeiten und Folgen haben, so geht alles auch in unserem Innern gesetzlich und in Rhythmen vor sich. Es gibt einen Professor Fließ, der gewisse Zahlenfolgen herausgerechnet hat, um die periodische Wiederkehr der Lebensvorgänge zu bezeichnen. Es klingt wie Kabbahla, aber vermutlich ist auch Kabbahla Wissenschaft. Daß sie von den deutschen Professoren belächelt wird, spricht sehr für sie.

Die dunkle Welle in meinem Leben, die ich

fürchte, kommt auch mit einer gewissen Regelmäßigkeit. Ich kenne die Daten und Zahlen nicht, ich habe niemals ein fortlaufendes Tagebuch geführt. Ich weiß nicht und will nicht wissen, ob die Zahlen 23 und 27, oder irgendwelche anderen Zahlen damit zu tun haben. Ich weiß nur: Von Zeit zu Zeit erhebt sich in meiner Seele, ohne äußere Ursachen, die dunkle Welle. Es läuft ein Schatten über die Welt, wie ein Wolkenschatten. Die Freude klingt unecht, die Musik schal. Schwermut herrscht, Sterben ist besser als Leben. Wie ein Anfall kommt diese Melancholie von Zeit zu Zeit, ich weiß nicht in welchen Abständen, und überzieht meinen Himmel langsam mit Gewölk. Es beginnt mit Unruhe im Herzen, mit Vorgefühl von Angst, wahrscheinlich mit nächtlichen Träumen. Menschen, Häuser, Farben, Töne, die mir sonst gefielen, werden zweifelhaft und wirken falsch. Musik macht Kopfweh. Alle Briefe wirken verstimmend und enthalten versteckte Spitzen. In diesen Stunden zum Gespräch mit Menschen gezwungen zu sein, ist

Qual und führt unvermeidlich zu Szenen. Diese Stunden sind es, wegen deren man keine Schießwaffen besitzt; sie sind es, in denen man sie vermißt. Zorn, Leid und Anklage richten sich gegen alles, gegen Menschen, gegen Tiere, gegen die Witterung, gegen Gott, gegen das Papier des Buches, in dem man liest, und gegen den Stoff des Kleides, das man anhat. Aber Zorn, Ungeduld, Anklage und Haß gelten nicht den Dingen, sie kehren von ihnen allen zurück zu mir selbst. Ich bin es, der Haß verdient. Ich bin es, der Mißklang und Häßlichkeit in die Welt bringt.

Ich ruhe heut von einem solchen Tage aus. Ich weiß, daß nun eine Weile Ruhe zu erwarten ist. Ich weiß, wie schön die Welt ist, daß sie für mich zu Stunden unendlich schöner ist als für irgend jemand sonst, daß die Farben süßer klingen, die Luft seliger rinnt, das Licht zärtlicher schwebt. Und ich weiß, daß ich das bezahlen muß durch die Tage, wo das Leben unerträglich ist. Es gibt gute Mittel gegen die Schwermut: Gesang, Frömmigkeit, Weintrinken, Musizieren, Gedichtemachen, Wandern. Von diesen Mitteln lebe ich, wie der Einsiedler vom Brevier lebt. Manchmal scheint mir, die Schale habe sich gesenkt und meine guten Stunden seien zu selten und zu wenig gut, um die üblen noch aufzuwiegen. Zuweilen finde ich im Gegenteil, daß ich Fortschritte gemacht habe, daß die guten Stunden zu- und die bösen abgenommen haben. Was ich niemals wünsche, auch in den schlechtesten Stunden nicht, das ist ein mittlerer Zustand zwischen Gut und Schlecht, so eine laue erträgliche Mitte. Nein, lieber noch eine Übertreibung der Kurve – lieber die Qual noch böser, und dafür die seligen Augenblicke noch um einen Glanz reicher!

Abklingend verläßt mich die Unlust, Leben ist wieder hübsch, Himmel ist wieder schön, Wandern wieder sinnvoll. An solchen Tagen der Rückkehr fühle ich etwas von Genesungsstimmung: Müdigkeit ohne eigentlichen Schmerz, Ergebung ohne Bitterkeit, Dankbarkeit ohne Selbstverachtung. Langsam beginnt die Lebenslinie wieder zu steigen. Man summt wieder einen Liedervers. Man bricht wieder eine Blume ab. Man spielt wieder mit dem Spazierstock. Man lebt noch. Man hat es wieder überstanden. Man wird es auch nochmals überstehen, und vielleicht noch oft.

Es wäre mir ganz unmöglich zu sagen, ob dieser bewölkte, still in sich bewegte, vielfältige Himmel sich in meiner Seele spiegelt oder umgekehrt, ob ich von diesem Himmel nur das Bild meines Inneren ablese. Manchmal wird das alles so völlig ungewiß! Es gibt Tage, an denen bin ich überzeugt, daß kein Mensch auf Erden gewisse Luft- und Wolkenstimmungen, gewisse Farbenklänge, gewisse Düfte und Feuchtigkeitsschwankungen so fein, so genau und treu beobachten könne wie ich mit meinen alten, nervösen Dichter- und Wanderersinnen. Und dann wieder, so wie heute, kann es mir zweifelhaft werden, ob ich überhaupt je etwas gesehen, gehört und gerochen habe, ob nicht alles, was ich wahrzunehmen meine, bloß das nach außen geworfene Bild meines inneren Lebens sei.

Rotes Haus

Rotes *Haus, aus* deinem kleinen Garten und Weinberg duftet mir der ganze Alpensüden! Mehrmals bin ich an dir vorbeigegangen, und schon beim ersten Mal hat meine Wanderlust sich zuckend ihres Gegenpols erinnert, und wieder einmal spiele ich mit den alten, oft gespielten Melodien: Heimathaben, ein kleines Haus im grünen Garten, Stille ringsum, weiter unten das Dorf. Im Stübchen nach Morgen hin stände mein Bett, mein eigenes Bett, im Stübchen nach Süden mein Tisch, und dort würde ich auch die kleine alte Madonna aufhängen, die ich einmal, in früheren Reisezeiten, in Brescia gekauft habe.

Wie der Tag zwischen Morgen und Abend, so vergeht zwischen Reisetrieb und Heimatwunsch mein Leben. Vielleicht werde ich einmal so weit sein, daß Reise und Ferne mir in der Seele gehören, daß ich ihre Bilder in mir habe, ohne sie mehr verwirklichen zu müssen. Vielleicht auch komme ich noch einmal dahin, daß ich Heimat in mir habe, und dann gibt es kein Liebäugeln mit Gärten und roten Häuschen mehr. – Heimat in sich haben!

Wie wäre da das Leben anders! Es hätte eine Mitte, und von der Mitte aus schwängen alle Kräfte.

So aber hat mein Leben keine Mitte, sondern schwebt zuckend zwischen vielen Reihen von Polen und Gegenpolen. Sehnsucht nach Daheimsein hier, Sehnsucht nach Unterwegssein dort. Verlangen nach Einsamkeit und Kloster hier, und Drang nach Liebe und Gemeinschaft dort! Ich habe Bücher und Bilder gesammelt, und habe sie wieder weggegeben. Ich habe Üppigkeit und Laster gepflegt, und bin davon weg zu Askese und Kasteiung gegangen. Ich habe das Leben gläubig als Substanz verehrt, und kam dazu, es nur noch als Funktion erkennen und lieben zu können.

Aber es ist nicht meine Sache, mich anders zu machen. Das ist Sache des Wunders. Wer das Wunder sucht, wer es herbeiziehen, wer ihm helfen will, den flieht es nur. Meine Sache ist, zwischen vielen gespannten Gegensätzen zu schweben und bereit zu sein, wenn das Wunder mich ereilt. Meine Sache ist, unzufrieden zu sein und Unrast zu leiden.

Rotes Haus im Grünen! Ich habe dich schon erlebt, ich darf dich nicht nochmals erleben wollen. Ich habe schon einmal Heimat gehabt, habe ein Haus gebaut, habe Wand und Dach gemessen, Wege im Garten gezogen und eigene Wände mit eigenen Bildern behängt. Jeder Mensch hat dazu einen Trieb – wohl mir, daß ich ihm einmal nachleben konnte! Viele meiner Wünsche haben sich im Leben erfüllt. Ich wollte ein Dichter sein, und wurde ein Dichter. Ich wollte ein Haus haben, und baute mir eins. Ich wollte Frau und Kinder haben, und hatte sie. Ich wollte zu Menschen sprechen und auf sie wirken, und ich tat es. Und jede Erfüllung wurde schnell zur Sättigung. Sattsein aber war das, was ich nicht ertragen konnte. Verdächtig wurde mir das Dichten. Eng wurde mir das Haus. Kein erreichtes Ziel war ein Ziel, jeder Weg war ein Umweg, jede Rast gebar neue Sehnsucht.

Viele Umwege werde ich noch gehen, viele Erfüllungen noch werden mich enttäuschen. Alles wird seinen Sinn einst zeigen.

Dort, wo die Gegensätze erlöschen, ist Nirwana. Mir brennen sie noch hell, geliebte Sterne der Sehnsucht.

Abends

Abends gehn die Liebespaare
Langsam durch das Feld,
Frauen lösen ihre Haare,
Händler zählen Geld,
Bürger lesen bang das Neuste
In dem Abendblatt,
Kinder ballen kleine Fäuste,
Schlafen tief und satt.
Jeder tut das einzig Wahre,
Folgt erhabner Pflicht,
Bürger, Säugling, Liebespaare –
Und ich selber nicht?

Doch! Auch meiner Abendtaten,
Deren Sklav' ich bin,
Kann der Weltgeist nicht entraten,
Sie auch haben Sinn.
Und so geh' ich auf und nieder,
Tanze innerlich,
Summe dumme Gassenlieder,
Lobe Gott und mich,

Trinke Wein und phantasiere,
Daß ich Pascha wär',
Fühle Sorgen an der Niere,
Lächle, trinke mehr,
Sage ja zu meinem Herzen
(Morgens geht es nicht),
Spinne aus vergangnen Schmerzen
Spielend ein Gedicht,
Sehe Mond und Sterne kreisen,
Ahne ihren Sinn,
Fühle mich mit ihnen reisen
Einerlei wohin.

Inhalt